MITWIRKENDE

SPRECHER

Angela Ascher
Stephan Benson
Gilla Cremer
Sabine Falkenberg
Burghart Klaußner
Guido Knopp
Andreas von der Meden
Barbara Nüsse
Andreas Pietschmann
Martin M. Schwarz
Wolf-Dietrich Sprenger
Lena Stolze
Ulrich Tukur
Jens Wawrczeck
Helmut Zhuber

KONZEPTION UND TEXTEINRICHTUNG

Wolfgang Stockmann

REDAKTION

Sonja Valentin

PRODUKTIONSLEITUNG

Gabriele Gierz

TEXTFASSUNGEN

Christina Behrens
Cathrin Claussen
Georg Gess
Gabriele Gierz
Moritz Kienast
Sönke Oldehaver
Wolfgang Stockmann
Sonja Valentin

MITARBEIT

Wibke Greeven
Julia Hermerschmidt
Tanja Wunderlich

MUSIK

Hans Schüttler

REGIE

Wolfgang Stockmann
Jens Wawrczeck

Dank an Gabriele Schüttler (Mezzosopran), Marlene Schüttler (Kinderlied) und Reinhard Lippert (Akkordeon)

CD 1

1. Ansage und Rückblick auf Edition I

ÜBERFALL AUF POLEN

2.

3. **23. AUGUST 1939:** Der deutsch-sowjetische Nichtangriffspakt

4. Der »Volksdeutsche Selbstschutz«

JOACHIM RIBBENTROP

5.

6. Ernennung zum außenpolitischen Berater Adolf Hitlers

7. Die Stimmungslage der Deutschen

8. **1939:** Maßnahmen des NS-Regimes und Ereignisse

9. **1939:** Maßnahmen des NS-Regimes zur Einschränkung des jüdischen Lebens und zur Verfolgung der Juden

10. Arbeits-, Sammel- und Vernichtungslager, die bis 1939 gegründet wurden.

ÜBERFALL AUF FRANKREICH

1

2 Besetzung Skandinaviens

3 Sondermeldung vom 10. Mai 1939

4 Die Versorgungslage der Deutschen

PROPAGANDA

5

6 Gestaltung einer Kundgebung

7 Die Zeitschrift »Das Reich«

8 Überfall auf die Sowjetunion

9 **1940:** Maßnahmen des NS-Regimes und Ereignisse

10 **1940:** Maßnahmen des NS-Regimes zur Einschränkung des jüdischen Lebens und zur Verfolgung der Juden

11 Arbeits-, Sammel- und Vernichtungslager, die 1940 gegründet wurden.

1. LUFTSCHLACHT UM ENGLAND
2. Weisung »Operation Seelöwe«
3. Weisung Nr. 17 vom 1. August 1941
4. »Luftterror« über England
5. ERNST UDET
6. Beim »Roten Baron«
7. Film-karriere
8. 1935: Udet wird Oberst in der Luftwaffe
9. 1939: Udet wird »General-luftzeug-meister
10. 1941: Die Entmachtung
11. Rationierungen in Deutschland

ÜBERFALL AUF RUSSLAND

1

2 — **13. Mai 1941:** Erlaß des Oberkommando des Heeres

3 — **22. Juni 1941:** Presseerklärung des Außenministers

4 — Kiew oder Moskau?

MARLENE DIETRICH

5

6 — Amerikanische Staatsbürgerin

7 — Truppenbetreuung

GHETTO

8

9 — Arbeitseinsätze

10 — Hunger

11 — Deportationen

1. Der Englandflug von Rudolf Heß

ALBERT SPEER

2.
3. Ernennung zum Generalbauinspektor
4. Reichsminister für Bewaffnung und Munition

TRIUMVIRAT DER VERNICHTUNG

5.
6. Reinhard Heydrich
7. Adolf Eichmann
8. Terror im Protektorat Böhmen und Mähren
9. Der Generalplan Ost
10. **1941:** Maßnahmen des NS-Regimes und Ereignisse
11. **1941:** Maßnahmen des NS-Regimes zur Einschränkung des jüdischen Lebens und zur Verfolgung der Juden
12. Arbeits-, Sammel- und Vernichtungslager, die 1941 gegründet wurden.

EROBERUNGSZUG GEGEN LENINGRAD

JUDENVERFOLGUNG 1

ERZIEHUNG IN DEUTSCHLAND

ZARAH LEANDER

1

2 Babi Yar

3 Leningrad hungert

4

5

6 Einführung des »Judensterns«

7 Abschiebe-bürokratie

8

9 Ufa-Star

10 Grenzüber-schreitungen

1 Die »Germanisierung« Polens

OFFENSIVE GEGEN MOSKAU

2

3 **19. November 1941:** Tagesbefehl

4 **11. Dezember 1941:** Kriegserklärung an die USA

KINDER UND FRAUEN

5

KARL DÖNITZ

6

7 Deutsch-britisches Flottenabkommen

8 Operation »Paukenschlag«

9 »Euthanasie«

10 **1942:** Maßnahmen des NS-Regimes und Ereignisse

11 **1942:** Maßnahmen des NS-Regimes zur Einschränkung des jüdischen Lebens und zur Verfolgung der Juden

12 Arbeits-, Sammel- und Vernichtungslager, die 1942 gegründet wurden.

1. Der Madagaskarplan
2. LEBENSBORN E. V.
3. ERWIN ROMMEL
4. Kommandant des Führerhauptquartiers
5. Afrika-korps
6. Niederlage
7. Institut Rosenberg
8. JUDENVERFOLGUNG 2
9. Einsatz-gruppen der SS
10. Vorbereitungen zur »Endlösung«
11. Wannseekonferenz
12. MODE IM KRIEG
13. »Zwölf Jahre – Hitler und sein Reich« Edition III »Zusammenbruch und Neubeginn« - Ausblick

PROF. DR. GUIDO KNOPP, Jahrgang 1948, promovierter Historiker, ehemaliger Auslandschef der »Welt am Sonntag«, ist seit 1984 Leiter der ZDF-Redaktion Zeitgeschichte und lehrt als Professor Journalistik. Er ist Verfasser zahlreicher Fernsehdokumentationen, die Grundlage erfolgreicher Bücher waren.
Für seine journalistischen Leistungen wurde er u.a. mit dem Europäischen Fernsehpreis (1988), dem Telestar (1990) und dem Bundesverdienstkreuz (1990) ausgezeichnet.

BÜCHER VON GUIDO KNOPP ZUM THEMA NATIONALSOZIALISMUS / II. WELTKRIEG:

Hitler – eine Bilanz (Siedler/C. Bertelsmann 1995)
Hitlers Helfer (C. Bertelsmann 1996)
Hitlers Helfer – Täter und Vollstrecker (C. Bertelsmann 1998)
Hitlers Krieger (C. Bertelsmann 1998)
Hitlers Frauen (C. Bertelsmann 2001)
Hitlers Kinder (C. Bertelsmann 2000)
Holokaust (C. Bertelsmann 2000)
Der verdammte Krieg: Unternehmen Barbarossa (C. Bertelsmann 1991)
Der verdammte Krieg: Stalingrad (C. Bertelsmann 1991)
Der verdammte Krieg: Kriegsende 1943-45 (C. Bertelsmann 1991)
Der Jahrhundertkrieg (Econ 2001)
Die große Flucht (Econ 2001)
Die Saat des Krieges – Hitlers Angriff auf Europa (Gustav Lübbe Verlag 1989)
Die SS – eine Warnung der Geschichte (C. Bertelsmann 2002)

Ca. 3 Millionen europäische Juden – etwa die Hälfte der im Holocaust ermordeten – wurden mit der Reichsbahn in die Ghettos oder direkt in die Vernichtungslager im Osten transportiert.

Dr-Ing Ganzenmüller
Staatssekretär im Reichsverkehrsministerium
Stellvertretender Generaldirektor
der Deutschen Reichsbahn

Berlin W 8, den 28. Juli 1942
Voßstraße 35
Fernruf 12003..

94

Herrn
SS-Obergruppenführer W o l f

Berlin SW 11
Prinz-Albrecht-Str 8
– Persönlicher Stab des
Reichsführers SS –

Geheim

Sehr geehrter Pg Wolf!

Unter Bezugnahme auf unser Ferngespräch vom 16. Juli teile ich Ihnen folgende Meldung meiner Generaldirektion der Ostbahnen (Gedob) in Krakau zu Ihrer gefälligen Unterrichtung mit:

"Seit dem 22.7. fährt täglich ein Zug mit je 5 000 Juden von Warschau über Malkinia nach Treblinka, außerdem zweimal wöchentlich ein Zug mit 5 000 Juden von Przemysl nach Belzek. Gedob steht in ständiger Fühlung mit dem Sicherheitsdienst in Krakau. Dieser ist damit einverstanden, daß die Transporte von Warschau über Lublin nach Sobibor (bei Lublin) solange ruhen, wie die Umbauarbeiten auf dieser Strecke diese Transporte unmöglich machen (ungefähr Oktober 1942)."

Die Züge wurden mit dem Befehlshaber der Sicherheitspolizei im Generalgouvernement vereinbart. SS- und Polizeiführer des Distrikts Lublin, SS-Brigadeführer Globotschnigg, ist verständigt.

Heil Hitler!
Ihr ergebener
Ganzenmüller

Führer-Hauptquartier,
13. August 42.

Wo/Ms. AR 10/19/42

Persönlicher Stab Reichsführer-SS
Schriftgutverwaltung
Akt. Nr. AR/ 94

An den
Herrn Staatssekretär im Reichsverkehrsministerium
Stellvertretender Generaldirektor der Deutschen Reichsbahn
Dr.-Ing. Ganzenmüller

Berlin W 8
Voßstrasse 35.

Lieber Parteigenosse Ganzenmüller!

Für Ihr Schreiben vom 28.7.1942 danke ich Ihnen - auch im Namen des Reichsführer-SS - herzlich. Mit besonderer Freude habe ich von Ihrer Mitteilung Kenntnis genommen, dass nun schon seit 14 Tagen täglich ein Zug mit je 5.000 Angehörigen des auserwählten Volkes nach Treblinka fährt und wir doch auf diese Weise in die Lage versetzt sind, diese Bevölkerungsbewegung in einem beschleunigten Tempo durchzuführen. Ich habe von mir aus mit den beteiligten Stellen Fühlung aufgenommen, so dass eine reibungslose Durchführung der gesamten Massnahmen gewährleistet erscheint. Ich danke Ihnen nochmals für die Bemühungen in dieser Angelegenheit und darf Sie gleichzeitig bitten, diesen Dingen auch weiterhin Ihre Beachtung zu schenken.

Mit besten Grüssen und

Heil Hitler!

G. W.

W.

13/2 C2

Hungernde und zerlumpte Kinder im Warschauer Ghetto. Hier wurden im 2. Weltkrieg etwa 400 000 polnische Juden zusammengetrieben, von denen ca. 300 000 im KZ Treblinka ermordet wurden.

HALT!

SPERRGEBIET!

Das Betreten des ehemaligen jüdischen Wohnbezirkes ist strengstens verboten.

Jeder, der ohne einen neuen gültigen Ausweis im ehemaligen jüdischen Wohnbezirk angetroffen wird, wird erschossen.

Alle vor dem 23. April 1943 ausgestellten Ausweise zum Betreten des ehem. jüdischen Wohnbezirkes haben ihre Gültigkeit verloren.

Warschau, den 23. April 1943.

Der SS- u. Polizeiführer im Distrikt Warschau

gez. Stroop

»Mein Entschluß ist unabänderlich. Ich werde Frankreich und England angreifen zum günstigsten und schnellsten Zeitpunkt. Verletzung der Neutralität Belgiens und Hollands ist bedeutungslos. Kein Mensch fragt danach, wenn wir gesiegt haben.«

Adolf Hitler, am 23.November 1939 in der Reichskanzlei vor Generalen und Admiralen

»Der Bolschewismus ist der Todfeind des nationalsozialistischen deutschen Volkes. Dieser zersetzenden Weltanschauung und ihren Trägern gilt Deutschlands Kampf. Dieser Kampf verlangt rücksichtsloses und energisches Durchgreifen gegen bolschewistische Hetzer, Freischärler, Saboteure, Juden und restlose Beseitigung jedes aktiven und passiven Widerstands.«

General Wilhelm Keitel, Chef des Oberkommandos der Wehrmacht am 19.5.1941

»Germania« sollte die Hauptstadt von Adolf Hitlers »Tausendjährigem Reich« einst heißen. Für das neue Berlin hatte Speer unter anderem eine riesige Versammlungshalle für 180.000 Menschen entworfen.

Maßstabgetreues Modell: Blick von Südosten auf die »Große Halle« am »Großen Platz«. Die kupfergedeckte Kuppel sollte 290 Meter hoch über die Stadt aufragen. Das Brandenburger Tor – links im Bild – gibt eine Vorstellung von den Ausmaßen der Kuppelhalle.

»Wer die Reichskanzlei betritt, muß das Gefühl haben, vor den Herrn der Welt zu treten, und schon der Weg dahin durch den Triumphbogen auf den breiten Straßen an der Soldatenhalle vorbei zum Platz des Volkes soll den Atem nehmen.«

Adolf Hitler, 1941

Cuxhaven 193
öffentlich
angeprangerte
»Rassenschand

SPRECHERINNEN UND SPRECHER

ANGELA ASCHER, geboren 1977, studierte an der Hochschule für Musik und Theater in Hamburg und der Filmhochschule Los Angeles. Seit 1997 ist Angela Ascher häufig im Fernsehen und Kino zu sehen.

Stephan Benson, hier die Stimme von Albert Speer und einer der Erzähler, geboren 1964, spielte an renommierten Theatern wie dem Schauspielhaus Zürich und dem Thalia Theater Hamburg. Heute ist er ein gefragter Film- und Fernsehschauspieler.

Gilla Cremer produziert, schreibt und spielt vor allem Theater-Monologe. Seit 1987 entstanden die Produktionen »m.e.d.e.a.«, »Vater hat Lager«, »Morrison Hotel«, »Die Kommandeuse«, »Einmal lebt ich« und »Odyssee Embryonale«, mit denen sie im In- und Ausland gastiert.

Sabine Falkenberg war an Theatern in Bremen, Hamburg, Lübeck, Hannover, Frankfurt und Oldenburg engagiert. Zuletzt hatte sie Gastengagements an der Kieler Oper und im Malersaal des Deutschen Schauspielhauses in Hamburg.

Burghart Klaußner, hier die Stimme von Ernst Udet und einer der Erzähler, ist im Kino, im Fernsehen und auf der Bühne gleichermaßen präsent. Nach seiner Schauspielausbildung an der Max-Reinhardt-Schule Berlin war er an zahlreichen Theatern in Deutschland und der Schweiz engagiert. Seit 1983 hat Burghart Klaußner in diversen Kinofilmen mitgespielt.

Andreas von der Meden, geboren 1943, ist seit seinem sechsten Lebensjahr für Theater und Film, später auch für Fernsehen und Hörfunk tätig. 1963 bis 1966 hatte er Theaterengagements in Luzern und Zürich, danach arbeitete er freischaffend an nahezu allen Hamburger Theatern. Ferner ist er im Synchronstudio als Sprecher, Regisseur und Autor tätig und macht außerdem Jazzmusik, u.a. in der »Old merry tale Jazzband«

Barbara Nüsse hier eine der Erzählerinnen, begann ihre Schauspielkarriere 1970 mit einem Engagement an den Bühnen der Stadt Köln. Seitdem hat sie in zahlreichen Theatern auf der Bühne gestanden. Sie spielte in Filmen von Horst Königstein, Herbert Breloer, Werner Schroeter und anderer bekannter Regisseure und ist darüber hinaus eine gefragte Sprecherin.

Andreas Pietschmann, geboren 1969, studierte an der Westfälischen Schauspielschule in Bochum. 1996 bis 2000 war er am Schauspielhaus Bochum engagiert und wechselte dann zum Thalia Theater in Hamburg, wo er u.a. mit Martin Kusej, Stefan Kimmig und Dimiter Gotscheff zusammenarbeitete. Neben der Theaterarbeit hat Andreas Pietschmann an zahlreichen Rundfunkproduktionen mitgewirkt.

Martin Maria Schwarz, hier die Stimme des Chronisten, absolvierte seine Ausbildung zum Sprecher literarischer Texte an der Deutschen Blindenhörbücherei in Marburg. Er arbeitet als Autor, Redakteur, Sprecher und Moderator beim Hessischen Rundfunk und ist auch als Herausgeber tätig.

Wolf-Dietrich Sprenger wechselte 1966 vom Studenten- zum Berufstheater. Außerdem arbeitete er auch als Regisseur und Schriftsteller. Lange Zeit war er Ensemblemitglied des Thalia Theaters in Hamburg. Seit 1997 ist er frei tätig.

Lena Stolze, hier eine der Erzählerinnen, erhielt ihre Ausbildung als Schauspielerin am Max-Reinhardt-Seminar in Wien und ist aus zahlreichen Theater-, Film- und Fernsehproduktionen bekannt. 1991 wurde sie für »Das schreckliche Mädchen« für den Oscar nominiert. Lena Stolze ist Jurymitglied der Berlinale und des Europäischen Filmpreises und lehrt an der Deutschen Film- und Fernsehakademie Berlin.

Ulrich Tukur, hier u.a. die Stimme von Herman Göring, wurde 1957 geboren und ist Schauspieler, Intendant, Sänger und Musiker. Als Ensemblemitglied des Deutschen Schauspielhauses in Hamburg spielte er von 1985 bis 1995 zahlreiche (Haupt-)Rollen. Mit seiner Tanzkapelle »Ulrich Tukur und die Rhythmus Boys« ist er ebenso erfolgreich wie als nationaler und internationaler Kinostar.

Jens Wawrczeck, hier die Stimme von Adolf Hitler, wurde 1963 in Dänemark geboren und ist seit seiner Kindheit ein viel gefragter Sprecher. Nach seiner Schauspielausbildung war er an verschiedenen Bühnen engagiert. Für seine Darstellung des Edgar in Shakespeares »King Lear« erhielt er den Bad Hersfelder Kritikerpreis für Schauspiel. Jens Wawrczeck arbeitet auch als Synchronregisseur und –autor (u.a. »Suzhou River« und »Clubbed to Death«) in Hamburg und Berlin.

Helmut Zhuber, hier u.a. die Stimme von Joseph Goebbels, erhielt seine Schauspielausbildung am Mozarteum in Salzburg. Nach Festengagements am Schillertheater Berlin, dem Thalia Theater Hamburg u.a. arbeitet Helmut Zhuber seit 2000 als freier Schauspieler sowohl auf der Bühne als auch für Fernsehen und Rundfunk.

: zerstörte
:hedrale von
ventry im
vember 1940
:h den deut-
en Luftan-
ffen auf die
dt

LITERATURHINWEISE

Primärliteratur

Dietrich, Marlene: »Ich bin, Gott sei Dank, Berlinerin« – Memoiren. Berlin 1998.

Domarus, Max: Hitler. Reden und Proklamationen 1932–1945. Kommentiert von einem deutschen Zeitgenossen. Band 3 und 4. Leonberg 1973.

Dönitz, Karl: Zehn Jahre und zwanzig Tage. Erinnerungen 1935–1945. 9. Auflage, Koblenz 1985.

Eichmann, Adolf: Ich, Adolf Eichmann. Leoni am Starnberger See 1980.

Goebbels, Joseph: Die Tagebücher. Hg. von Elke Fröhlich. München 1994ff.

Goebbels, Joseph: Reden 1932–1939. Hg. von Helmut Heiber. München 1971

Klemperer, Victor: Tagebücher 1933–1945. Berlin 1995.

Leander, Zarah: Es war so wunderbar! Mein Leben. Hamburg 1973.

Ribbentrop, Joachim von: Zwischen London und Moskau. Erinnerungen und letzte Aufzeichnungen. Leoni am Starnberger See 1954.

Schirach, Baldur von: Ich glaubte an Hitler. Hamburg 1967.

Speer, Albert: Erinnerungen. Berlin/Wien und Frankfurt/Main 1969.

Udet, Ernst: Aus der Luft gegriffen. München (repr.) 1997.

Zentner, Christian (Hg.): Adolf Hitler »Mein Kampf«. Eine kommentierte Auswahl. München 1974.

Sekundärliteratur

Aly, Götz: »Endlösung«. Völkerverschiebung und der Mord an den europäischen Juden. Frankfurt/Main 1995.

Arendt, Hannah: Eichmann in Jerusalem. Ein Bericht von der Banalität des Bösen. 9. Auflage, München 1995

Bach, Steven: Marlene Dietrich – Die Legende, das Leben. Düsseldorf 1993.

Benz, Ute (Hg.): Frauen im Nationalsozialismus. München 1993.

Benz, Wolfgang (Hg.): Dimension des Völkermords. Die Zahl der jüdischen Opfer des Nationalsozialismus. München 1991.

Benz, Wolfgang u.a. (Hg.): Enzyklopädie des Nationalsozialismus. 2. Auflage, München 1998.

Breitmann, Richard: Der Architekt der »Endlösung«. Himmler und die Vernichtung der europäischen Juden. Paderborn 1996.

Broszat, Martin: Der Staat Hitlers. Grundlegung und Entwicklung seiner inneren Verfassung. München 1978.

Döscher, Hans-Jürgen: Das Auswärtige Amt im Dritten Reich. Diplomaten im Schatten der »Endlösung«. Berlin 1987.

Fest, Joachim: Hitler – Eine Biographie. Frankfurt/Main und Berlin 1991.

Friedlander, Henry: Der Weg zum NS-Genozid. Von der Euthanasie zur Endlösung. Berlin 1997.

Frieser, Karl-Heinz: Blitzkrieg-Legende: der Westfeldzug 1940. München 1995.

Goldhagen, Daniel: Hitlers willige Vollstrecker. Ganz gewöhnliche Deutsche und der Holocaust. Berlin 1996.

Hilberg, Raul: Täter, Opfer, Zuschauer: Die Vernichtung der Juden 1933-1945. Frankfurt/Main 1992.

Hillgruber, Andreas: Der Zweite Weltkrieg. Kriegsziele und Strategie der großen Mächte. 5. Auflage, Stuttgart u.a. 1989.

Ishoven, Armand van: Ernst Udet. Biographie eines großen Fliegers. Wien 1997.

Jäckel, Eberhard: Hitlers Weltanschauung. Entwurf einer Herrschaft. Stuttgart 1991.

Kárný, Miroslav (Hg.): Deutsche Politik im »Protektorat Böhmen und Mähren« unter Reinhard Heydrich 1941–1942: eine Dokumentation. Berlin 1997.

Kershaw, Ian: Hitler 1936-1945. München 2000.

Kley, Stefan: Hitler, Ribbentrop und die Entfesselung des Zweiten Weltkriegs. Paderborn 1996.

Less, Avner (Hg.): Schuldig. Das Urteil gegen Adolf Eichmann. Frankfurt/Main, 2. Aufl. 1995.

Longerich, Peter: Politik der Vernichtung. Eine Gesamtdarstellung der nationalsozialistischen Judenverfolgung. München 1998.

Mayer, Arno J.: Der Krieg als Kreuzzug. Das Deutsche Reich, Hitlers Wehrmacht und die »Endlösung«. Hamburg 1989.

Michalka, Wolfgang (Hg.): Der Zweite Weltkrieg. Analysen, Grundzüge, Forschungsbilanz. München 1989.

Mommsen, Hans: Auschwitz, 17. Juli 1942. Der Weg zur europäischen »Endlösung der Judenfrage«. München 2000.

Müller, Rolf-Dieter: Hitlers Ostkrieg und die deutsche Siedlungspolitik. Die Zusammenarbeit von Wehrmacht, Wirtschaft und SS. Frankfurt/Main 1991.

Padfield, Peter: Des Teufels Admiral. Berlin/Wien und Franfurt/Main 1984.

Pohl, Dieter: Holocaust. Die Ursachen, das Geschehen, die Folgen. Freiburg 2000.

Reuth, Ralf Georg: Erwin Romel. Des Führers General. München 1987.

Schneider, Wolfgang: Frauen unterm Hakenkreuz. Hamburg 2001.

Seiler, Paul: Zarah Leander – Ich bin eine Stimme. Berlin 1997.

Sereny, Gitta: Das Ringen mit der Wahrheit: Albert Speer und das deutsche Trauma. München 1995.

Smelser, Roland/Syring, Enrico (Hg.): Die Militärelite des Dritten Reiches. 27 biographische Skizzen. Berlin und Frankfurt/Main 1995.

Sultano, Gloria: Wie geistiges Kokain ... : Mode unterm Hakenkreuz. Wien 1995.

Ulshöfer, Helmut (Hg.): Liebesbriefe an Adolf Hitler: Briefe in den Tod. Unveröffentlichte Dokumente aus der Reichkanzkei. Frankfurt/Main 1994.

Wasser, Bruno: Himmlers Raumplanung im Osten. Der Generalplan Ost in Polen 1940–1944. Basel 1994.

Wistrich, Robert: Wer war wer im Dritten Reich? Ein biographisches Lexikon. München, 1983, Frankfurt/Main 1987, 1992.

Eine Idee der Montasser Medienagentur

Historische Originalaufnahmen lizensiert durch das Deutsche Rundfunkarchiv über SFB Werbung GmbH

AUFNAHMEN

true muze rec., Hamburg; Ansgar Döbertin, Live:// Audio Tonstudio, Hamburg; Mark Fischer, media atelier GmbH Mainz

SCHNITT

Hoffmann und Campe Studio: Philipp Haberlandt, Felix Huber, Christian Mevs, Michel Wähling, Dennis Wienecke

MONTAGE, MISCHUNG

Hoffmann und Campe Studio: Felix Huber, Dennis Wienecke, Mark Ziebarth

FOTOS

AKG, Bildarchiv Preußischer Kulturbesitz, dpa, Rudolf Herz, Keystone Pressedienst, Privatarchiv Albert Speer, Plakat »Judenstern«: Montage: schalomnet

Leider war es uns trotz intensiver Bemühungen nicht möglich, alle Rechteinhaber ausfindig zu machen, sollten Sie rechtliche Ansprüche geltend machen wollen, bitten wir Sie freundlich, mit uns Kontakt aufzunehmen.

GESTALTUNG

Prill Partners | producing, Berlin